Jaime Flor Gutierrez
Oldan Andres Valderrama

Logistica internazionale

Jaime Flor Gutierrez
Oldan Andres Valderrama

Logistica internazionale

Evoluzione della gestione logistica nelle operazioni di trasporto internazionale in Colombia

ScienciaScripts

Imprint

Any brand names and product names mentioned in this book are subject to trademark, brand or patent protection and are trademarks or registered trademarks of their respective holders. The use of brand names, product names, common names, trade names, product descriptions etc. even without a particular marking in this work is in no way to be construed to mean that such names may be regarded as unrestricted in respect of trademark and brand protection legislation and could thus be used by anyone.

Cover image: www.ingimage.com

This book is a translation from the original published under ISBN 978-620-0-01759-8.

Publisher:
Sciencia Scripts
is a trademark of
Dodo Books Indian Ocean Ltd. and OmniScriptum S.R.L publishing group

120 High Road, East Finchley, London, N2 9ED, United Kingdom
Str. Armeneasca 28/1, office 1, Chisinau MD-2012, Republic of Moldova, Europe
Printed at: see last page
ISBN: 978-620-7-39253-7

Abstract - *Il* presente lavoro di ricerca si propone di affrontare il tema dell'evoluzione della gestione logistica nel trasporto internazionale in Colombia. Il trasporto è considerato un'attività che si è sviluppata praticamente fin dalle origini della vita umana, ha subito grandi cambiamenti positivi nel corso della storia e, a sua volta, costringe gli operatori logistici ad adottare nuove strategie che generano consegne sempre più efficienti.

Per la logistica internazionale, il trasporto è la parte più importante dell'intera catena di approvvigionamento e produzione di materie prime e merci. Oltre alla sua costante evoluzione nel mercato, offre facilità e produttività grazie alla diversità dei mezzi di trasporto esistenti nel mondo per la movimentazione di tutti i tipi di prodotti.

Parole chiave - *distribuzione, sviluppo, trasporto, logistica, trasporto merci, storia della logistica, distribuzione logistica, fornitura, operazioni di trasporto, trasporto multimodale, trasporto intermodale.*

Riassunto dei contenuti

Introduzione

Qualche anno fa, la logistica consisteva semplicemente nel portare la giusta quantità di merci nel posto giusto al momento giusto, senza perdere di vista un altro importante obiettivo: la riduzione dei costi. Oggi queste attività si sono notevolmente evolute, diventando un processo più complesso ed efficace, senza perdere di vista l'obiettivo della riduzione dei costi.

La logistica a livello internazionale può essere vista come un processo di scambio di beni che vengono trasportati o distribuiti in modo operativo affinché molte aziende, Paesi o persone acquisiscano un bene comune che può essere economico o soddisfacente. Per questo motivo, molte aziende e istituzioni hanno sviluppato settori dedicati esclusivamente a questa attività.

Questa ragione o circostanza fa sì che la logistica possa essere intesa come un modo per dare forma alla strategia aziendale, in cui si possono ottenere sorprendenti vantaggi competitivi rispetto alla concorrenza attraverso lo sviluppo intelligente di processi di trasporto efficienti.

La gestione logistica, nel senso di trasporto, si riferisce al trasporto di merci, prodotti finiti, input e materie prime attraverso porti marittimi, aeroporti e frontiere, utilizzando grandi navi, aerei da carico, trattori e ferrovie, accompagnati e, in molti casi, limitati da aspetti quali le infrastrutture, i pezzi di ricambio per i mezzi di trasporto, i servizi di trasporto ausiliari e il carburante, quest'ultimo uno dei principali ostacoli per la Colombia a causa del suo costo elevato, A ciò si aggiunge il fatto che il settore dei trasporti svolge un ruolo importante per tutti i Paesi, non solo dal punto di vista economico, ma anche sociale, poiché la competitività di un Paese dipende in larga misura da esso, come nel caso del trasporto terrestre, che consente di mobilitare tutti i tipi di prodotti tra le regioni, compresi quelli che vengono esportati o importati, dato che circa "l'80% delle merci in Colombia è trasportato su strada" (Rosas, 2013).

Se analizziamo i tre tipi di trasporto attualmente esistenti, vediamo che il trasporto aereo dipende dagli aerei commerciali, che possono essere una combinazione di merci e persone, che il trasporto marittimo è determinato da grandi navi da carico, che possono trasportare merci alla rinfusa o chiuse e/o in grandi dimensioni e quantità, e infine che il trasporto terrestre è determinato da tutti i tipi di autocarri speciali, che possono trasportare merci di diverse capacità ma in quantità minori, a differenza dei due precedenti, nonché da treni merci, che possono essere mobilitati su linee speciali come ferrovie o strade.

Quanto detto rende la logistica internazionale semplice per chi vuole applicarla, ma è necessario tenere conto di aspetti importanti come la pianificazione del trasporto, la preparazione del carico in questione attraverso l'imballaggio o la protezione fisica, la protezione economica e legale per assicurare il carico in caso di anomalia e, infine, l'ottimizzazione delle risorse.

Questo articolo, scritto come un documento di ricerca, si propone di trattare gli argomenti sopra menzionati in modo che il lettore possa considerarli come una base utile nel caso in cui desideri implementarli o si trovi ad affrontare qualsiasi argomento logistico in una situazione reale.

1. Storia dello sviluppo dei trasporti

Dato che l'uomo, fin dal primo momento della sua esistenza, ha avuto bisogno di spostarsi e percorrere brevi o lunghe distanze quando ha usato la mente per raggiungere i propri obiettivi, ha dovuto inventare processi logistici sempre più efficienti per ottenere questi risultati.

All'inizio l'uomo disponeva già di strade imperfette o rudimentali, create in parte dalla natura e in parte dall'uomo stesso, che lo collegavano ad altre città o destinazioni. Fu per questo motivo che nacque l'esigenza di cambiare il modo di viaggiare per raggiungere mete sempre più lontane ed evitare la fatica di spostarsi a piedi.

"Nel XVI secolo la popolazione europea raddoppiò e aumentò di conseguenza la necessità di trasportare prodotti e persone, si creò una rete di strade e si svilupparono carri e bestie da soma trainati da cavalli; a partire dall'alK, il veicolo iniziò ad avere una chiara influenza su queste culture" (Saldarriaga, 2017).

È così che è nato il trasporto, che ha permesso loro di spostarsi rapidamente e agilmente e di trasportare i loro beni e le loro proprietà da un luogo all'altro nello stesso modo.

Con il passare del tempo, l'uomo non si accontentò più dei trasporti terrestri trainati dagli animali e vide la necessità di trasportare sia le sue merci che se stesso con meccanismi molto più veloci, così inventò l'automobile a motore. A poco a poco emersero nuove idee per consentire l'attraversamento delle frontiere, che portarono all'invenzione del trasporto per via d'acqua, seguito da altri mezzi di trasporto estremamente veloci che attraversavano acqua e terra allo stesso tempo. Fu in questo periodo che venne inventato l'aeroplano, un'idea nata per imitare il modo di muoversi degli uccelli e, a tutt'oggi, gli ultimi due sono i più utilizzati per il trasporto di persone o oggetti in grandi quantità.

In linea con quanto detto sopra, la necessità di distribuire i prodotti sviluppati dalle aziende dal loro stato finale di produzione all'acquisizione e al consumo finale da parte dei clienti è generata da attività concatenate che consentono il trasferimento in tempi concordati.

Come sappiamo, ogni attività ha una conseguenza, e le aziende che sviluppano prodotti degradano notevolmente l'ambiente e impoveriscono le risorse naturali a causa dell'estrazione delle materie prime e dell'inquinamento provocato dai mezzi di trasporto utilizzati per la distribuzione, oltre che dei costi associati all'attività; per questo motivo stanno iniziando a cercare modi per svilupparsi e crescere economicamente in aziende che hanno un impatto positivo sul degrado ambientale attraverso il recupero e il riutilizzo dei prodotti usati.

Sulla base di quanto detto, sottolineiamo l'importanza di questo articolo, che mira a informare chiaramente il lettore sulle origini della logistica e a mostrare come si è sviluppata oggi attraverso studi teorici e casi aziendali reali. In questo modo, l'articolo diventa un modello di studio che serve da guida per lo sviluppo futuro di tutte le attività logistiche nelle aziende.

2. Il passato della logistica

2.1 Prospettiva di fondo

Negli anni Cinquanta, la logistica era legata a concetti militari piuttosto che economici e riguardava solo l'acquisizione di attrezzature, la manutenzione delle installazioni e il trasporto di materiali e persone.

Dopo la fine della Seconda Guerra Mondiale, molti Paesi industrializzati hanno registrato un aumento della domanda, il che significava che la loro capacità produttiva stava diminuendo e non riuscivano più a coprire le vendite. Questo portò molte aziende dell'epoca ad adottare strategie simili a quelle dell'esercito per crescere.

All'interno delle aziende, in quel periodo e alla luce di quanto detto, si iniziò a toccare il tema del cost-swapping, come ad esempio scambiare i costi di inventario con i costi di trasporto per ottenere le merci giuste per le aziende, oltre a creare strategie che permettessero di vendere i propri prodotti o articoli in qualsiasi parte del mondo.

All'inizio i trasporti avvenivano via terra o via mare, e in alcuni casi venivano utilizzati entrambi quando il viaggio lo richiedeva. I mercanti viaggiavano con le merci o inviavano persone di fiducia per effettuare le transazioni.

A ciò sono seguite idee per espandere il mercato, dato che i canali di distribuzione erano diventati obsoleti per molte aziende, costringendole ad analizzare questioni di distribuzione e trasporto efficienti attraverso lo sviluppo e la ricerca, per poter consegnare i loro prodotti o articoli in qualsiasi parte del mondo.

2.2 Origini e sviluppo del trasporto internazionale.

Il trasporto è sempre stato visto come una necessità che si evolve nel tempo. Può essere utilizzato per due motivi: in primo luogo, per mobilitare le persone e, in secondo luogo, per trasportare merci o contenuti in un luogo desiderato. Con i continui cambiamenti o evoluzioni, il trasporto ottiene sufficienti vantaggi in termini di luogo e di tempo, in quanto consente di trasportare le persone e le loro merci da una destinazione o da un luogo all'altro. Alcuni dei fattori più importanti sono la sicurezza, la libertà di movimento, l'affidabilità del sistema e l'economicità, che lo rendono uno dei mezzi di trasporto più utilizzati.

Inizialmente, il trasporto internazionale riguardava solo il trasporto terrestre e marittimo. Molti anni fa (nella preistoria), tutti i tipi di merci venivano trasportati su strada, in modo rudimentale ma efficiente.

Inizialmente a piedi o a dorso di animali robusti in grado di trasportare carichi pesanti, ma anche su fiumi, laghi e mari con canoe, zattere o barche, meglio conosciute come barche a remi, che venivano spostate con mani, piedi o tavole piatte.
Con l'aumento della domanda, sono stati sviluppati altri tipi di barche a vela che consentono di trasportare merci su lunghe distanze e riducono l'affaticamento umano, poiché la loro principale fonte di propulsione è il vento.
Nel corso del XIX secolo, dopo numerosi esperimenti, furono gradualmente sostituiti dai *piroscafi* che, nell'ambito della rivoluzione industriale, aumentarono la loro capacità di carico.

Alla fine del XIX secolo comparve il motore e, di conseguenza, la *nave moderna*. Queste grandi navi da carico operavano principalmente su rotte intercontinentali.

Mentre l'industria aeronautica viveva il suo periodo di massimo splendore, il trasporto aereo ha iniziato a prendere piede negli ultimi decenni grazie al prototipo di aeroplano inventato dai fratelli Wright nel 1903, e servito come trasformazione su larga scala in molti anni di sperimentazione, che è stato poi utilizzato per trasportare merci e persone in tutto il mondo. Oggi il trasporto aereo rimane il modo più innovativo di trasportare merci tra città o Paesi in tempi brevi, e da allora è diventato molto fattibile e necessario utilizzare diverse forme di trasporto per spostare qualsiasi tipo di prodotto. Va notato che le diverse modalità di trasporto delle merci sono utilizzate quotidianamente, ma la scelta della modalità appropriata dipende da fattori importanti come il tipo di carico, le dimensioni, il volume o la quantità e l'importanza del carico.

3. Pianificazione dei trasporti

Come abbiamo già detto, il trasporto è ancora considerato l'anello più importante della catena logistica, sia a livello nazionale che internazionale, perché non si tratta solo di effettuare consegne rapide, ma anche di adattarle accuratamente alle esigenze dei clienti. Inoltre, grazie ai trasporti, un'intera comunità non è costretta a produrre tutto in loco e non esiste l'import-export, meglio conosciuto come libero scambio tra Paesi.

Quando parliamo di operazioni di trasporto logistico nazionale o internazionale, ci riferiamo a tutte le attività e le procedure necessarie per trasportare persone o merci da un luogo all'altro nel modo più efficiente possibile. Per questo motivo, la pianificazione dei trasporti svolge un ruolo importante nel determinare il modo più efficiente per spostare persone o merci da un luogo all'altro:

- Il prodotto da trasportare.
- Se deve essere trasportato
- Punto o luogo di partenza e di arrivo.
- Possibili percorsi di trasporto, tenendo conto dei percorsi alternativi.
- Tempo di consegna previsto.

- Capacità e limiti in termini di peso e volume.
- restrizioni di percorso *(numero di pedaggi e punti di riconsegna)*.
- Disponibilità di mezzi di trasporto.

3.1 Tipi di carico

Ogni Paese del mondo sta sviluppando una grande varietà di prodotti che devono essere trasportati per essere commercializzati e/o utilizzati. Per questo è importante conoscere i tipi di merci esistenti, in modo da poter scegliere il mezzo di trasporto più adatto, a seconda che si tratti di merci deperibili, fragili o pericolose. Di seguito riportiamo un elenco dei tipi di merci esistenti.

Vengono utilizzati 3 tipi di carico

- *Break-bulk cargo:* corrisponde a tutti i tipi di merci che possono essere trasportate indipendentemente l'una dall'altra, in grandi o piccole quantità. Una delle loro caratteristiche principali è che sono gestite come unità e permettono di contare il numero di unità immagazzinate e pronte per essere trasportate.

Questo tipo di carico è ulteriormente suddiviso in :

Carichi con imballaggio

Per le sue caratteristiche, richiede la protezione di un contenitore o di una scatola come "imballaggio" per la conservazione.

Carichi non imballati

Corrisponde a qualsiasi prodotto che non deve essere imballato per la spedizione.

Carichi unificati

Si tratta di tutti i tipi di articoli singoli, imballati o meno, che vengono raggruppati in un unico grande imballaggio di volume maggiore e che sono generalmente collocati su pallet per facilitare il trasporto.

Questi includono

Carico pallettizzato

Si tratta di prodotti della stessa categoria con imballaggi standardizzati, raggruppati e confezionati su pallet.

Fonte: (Maquinaria y materiales de embalaje, S.L)

Carico sospeso

In genere appartengono alla stessa categoria e allo stesso imballaggio standardizzato e si distinguono dagli altri per il fatto che vengono consegnati pronti per essere appesi e sollevati. Di solito fanno parte di un grande lotto.

Fonte: (Gru e trasporti)

Trasporto di merci in container

Tutta la merce (imballata o meno) viene collocata in una cassa di metallo o di fibra da 20 o 40 piedi per un trasporto facile e sicuro.

Per questo tipo di carico, è importante avere una chiara comprensione del tipo di materiale o prodotto da trasportare, poiché attualmente in molte parti del mondo vengono costruiti diversi tipi di container, che soddisfano i requisiti specifici dell'Organizzazione Internazionale per la Standardizzazione (ISO) e sono progettati specificamente per ogni prodotto. Di seguito *sono descritti i tipi di container marittimi e terrestri attualmente disponibili.*

Tipo di contenitore	Descrizione
Standard (trasportatore a secco)	Tutti i tipi di merci in generale, con o senza imballaggio
Refrigerato	Deperibili
Autocisterna	Liquidi sfusi
Lato aperto (porta laterale)	Accesso al carico laterale
Alla rinfusa (contenitore chiuso)	Caricamento di merci sfuse
Cubo alto	Carichi leggeri, ingombranti e sovradimensionati
Piano	Carichi difficili da gestire
Aperto in alto	Carichi di grandi dimensioni che devono essere caricati o scaricati dall'alto

Fonte: produzione propria

Fonte : Alejandro Triana

- Merci alla rinfusa: merci trasportate in grandi quantità ma che non hanno bisogno di essere imballate perché vengono stoccate in compartimenti appositamente attrezzati.

Questo tipo di esposizione si divide in tre gruppi:

<u>Liquido</u>

Tutto ciò che ha a che fare con lubrificanti, benzina, carburanti, oli vegetali o oli da cucina.

Fonte : Alejandro Triana

Solido

Tutto ciò che ha a che fare con cereali, minerali e fertilizzanti,
Legno, tra le altre cose.

Fonte : Alejandro Triana

Gassoso

Questi includono propano, butano, azoto e altri (Triana, 2015).

Fonte: Alejandro Triana

Va notato che le categorie di prodotti sfusi possono spesso essere
considerate pericolose.

- Speciale :

Tutte le merci che, per dimensioni, peso, durata o pericolosità,
richiedono una movimentazione e un trasporto che soddisfino
determinate condizioni "eccezionali". Questa ampia definizione copre
un'ampia varietà di merci, dai prodotti agricoli deperibili che richiedono
un rigoroso controllo della temperatura durante il trasporto, alle
attrezzature per progetti minerari che, a causa delle loro dimensioni,
richiedono una cura particolare. Altre merci che appartengono a questo
gruppo sono le sostanze radioattive, i fiori, i vini, i campioni medici, i
vaccini, i carichi di progetto, ecc.

Questo tipo di trasporto comprende anche prodotti considerati preziosi, come opere d'arte, metalli preziosi, pelli che devono essere riscaldate e tutti i prodotti che il cliente desidera trasportare o acquistare e per i quali paga un trattamento speciale.

3.2 Aspetti rilevanti del trasporto internazionale.

Il trasporto internazionale è un processo complesso che inizia con l'ordine sul mercato estero e termina con la consegna del prodotto al cliente. Per ottimizzare la gestione dei trasporti, è importante disporre delle infrastrutture e dei meccanismi di trasporto adatti a soddisfare le esigenze del cliente. È quindi importante prendere in *considerazione* alcuni *componenti rilevanti per* migliorare le prestazioni del processo logistico più importante. Questi componenti includono

Infrastrutture

Per ogni Paese, rappresentano una delle risorse più importanti per scambiare beni e merci in modo efficiente, affidabile e a costi competitivi e per promuovere lo sviluppo economico. Comprendono strade naturali e artificiali (fiumi, laghi, mari, spazi aerei, ferrovie, autostrade) e terminali.

Per la Colombia, le infrastrutture sono molto importanti per investire nelle grandi mega-industrie come quelle attualmente in fase di sviluppo, alcune delle quali sono la Ruta del Sol, lunghe autostrade e strade terziarie che permettono la comunicazione tra i dipartimenti e quindi una facile esportazione; i principali aeroporti e porti sono molto sviluppati e dotati delle più recenti tecnologie, ma per essere efficienti nel trasporto internazionale, tutti i Paesi devono anche mettere in atto un piano per migliorare le loro strade ed essere al livello delle infrastrutture, in modo che questo processo non diventi un collo di bottiglia.

Operazioni

Il trasporto internazionale di merci può avvenire in due modi: direttamente dal Paese di origine a quello di destinazione, oppure attraverso una serie di soste o scali in vari Paesi prima di raggiungere il Paese di destinazione delle merci. Va notato che sia i vettori che le autorità dei Paesi in cui transitano le merci devono soddisfare una serie di requisiti e/o regole relative al trasporto, dai documenti, ai tempi di attesa, ai pagamenti garantiti, alla validità del trasporto, al fine di evitare rischi e misure inutili.

Poiché il transito internazionale delle merci è regolato da accordi transfrontalieri, una soluzione a questo problema è stata trovata nel sistema operativo internazionale per il transito doganale sviluppato dall'UNECE e dal Comitato per il Trasporto Terrestre delle Nazioni Unite, noto come *Convenzione TIR, che è* attualmente firmato da 68 Paesi in tutto il mondo e stabilisce che tutte le merci trasportate sotto sigillo e in veicoli approvati non sono soggette a controlli fisici durante il transito e che i relativi dazi e tasse sono sospesi fino a quando le merci non raggiungono la loro destinazione. Questo facilita i controlli approfonditi, fa risparmiare tempo alle frontiere intermedie, migliora i tassi di trasporto e offre alle autorità doganali la sicurezza e le garanzie necessarie.

Le operazioni sono legate ai tipi di trasporto, in quanto possono *essere* unimodali *(con un solo mezzo di trasporto)*, multimodali (con *più mezzi di trasporto)* o intermodali *(con diversi mezzi di trasporto combinati), in modo da coinvolgere* più di un mezzo di trasporto. Il sistema TIR consente di combinare diversi modi di trasporto, purché almeno una parte del trasporto totale sia effettuata su strada.

Fonte : (Asercomex Logistics)

Servizi

Possono includere singoli fornitori e aziende, così come singoli utenti e aziende.

fornitori (trasportatori, conferenze marittime o compagnie aeree).

utenti (importatori, esportatori, distributori o associazioni di utenti).

4.2.1 Infrastrutture di trasporto terrestre in Colombia.

Le infrastrutture di trasporto in Colombia sono di competenza del Ministero dei Trasporti, che lavora in collaborazione con l'Agenzia per l'Ambiente, il Dipartimento delle Miniere e della Pianificazione Energetica, la Compagnia Petrolifera Colombiana (Ecopetrol), il Ministero delle Miniere e dell'Energia e altri enti pubblici.

In Colombia c'è sempre stato il desiderio di cambiare la struttura dei trasporti e gli sforzi in tal senso sono aumentati quando i membri del governo colombiano si sono resi conto di quale grande fonte di guadagno potesse essere, lavorando fianco a fianco con le multinazionali che vogliono anche il controllo di questa importante catena.

Questo ha portato a modelli negativi, come la perdita di interesse per una modalità di trasporto così specifica e altamente efficiente come la ferrovia, in cui si ritiene che sia meglio avere risorse per il trasporto terrestre, anch'esso non soddisfatto, piuttosto che cercare di ripristinare l'efficienza della Colombia attraverso la ferrovia.

Le informazioni contenute nel SICE - Trasporto Nazionale Merci corrispondono al sistema informativo sul costo efficiente del trasporto merci in autoveicoli sviluppato dal Ministero dei Trasporti, che copre solo le rotte verso i vari porti, aeroporti e aree logistiche dove vengono trasportate le merci, comprese le destinazioni nazionali.

La Colombia ha più di 140.000 chilometri di strade terziarie, di cui il 24% non asfaltate, il 70% asfaltate e il 6% asfaltate. È chiaro che la costruzione di strade terziarie deve essere parte integrante della trasformazione delle infrastrutture del Paese, insieme alla costruzione delle grandi autostrade, per migliorarne la competitività. Oltre alle infrastrutture di trasporto terrestre, il governo dovrebbe lanciare un piano per collegare tutte le modalità di trasporto, che non solo aprirà maggiori opportunità per i produttori, ma migliorerà notevolmente le possibilità di consegna e di fornitura. Da questo punto di vista, c'è ancora molto da fare, dato che la Colombia è il peggior Paese del Sud America in termini di infrastrutture ferroviarie, un mezzo che ovviamente contribuirebbe notevolmente all'intermodalità (Departamento Nacional de Planeacion DPN, 2014).

Secondo il documento, il piano di miglioramento della Colombia prevede la costruzione di strade terziarie per collegare le cosiddette autostrade principali e i sistemi ferroviari, che stanno gradualmente scomparendo perché non vengono più utilizzati.

Politica dei prezzi libera

Data la grande importanza del trasporto terrestre in Colombia e l'analisi dell'ampia gamma di servizi disponibili nel Paese, il Ministero dei Trasporti ha voluto assumere il controllo di questa attività e una delle principali alternative di controllo è stata la tariffazione.

La libertà tariffaria prevista dalla nuova politica degli autocarri mira a modernizzare il settore e a incoraggiare la concorrenza e l'innovazione. L'obiettivo di questa misura è consentire ai trasportatori più efficienti di competere con prezzi più bassi, mentre il governo controlla il mercato e garantisce prezzi equi per tutti.

4.2.2 Risorse per il trasporto interno a terra.

Attualmente, possiamo constatare che in Colombia ci sono due mezzi di trasporto terrestre che possono essere gestiti: le strade e le ferrovie, che non sono molto importanti per lo Stato, ma che sono comunque considerate un mezzo che può essere sfruttato al meglio e che è molto più vantaggioso per il trasporto di merci.

Rue

Le strade sono generalmente percorribili, tranne durante la stagione delle piogge, quando la maggior parte delle frane blocca le strade. Ci sono poche autostrade e la maggior parte delle strade è a una sola corsia.

Alcune strade sono diventate molto pericolose a causa dei posti di blocco della guerriglia e della criminalità in generale.

Ferrovie

I treni sono utilizzati principalmente per il trasporto merci e il trasporto passeggeri tra le città è praticamente inesistente. Negli ultimi anni il traffico è stato spesso interrotto a causa di difficoltà finanziarie. La linea più importante è quella che collega Santa Fe de

Bogotà e Santa Marta.

Negli anni '60, il sistema ferroviario era considerato un monopolio e un sistema di trasporto anti-tecnico, non redditizio e puramente competitivo, senza alcuna integrazione con altri sistemi di trasporto e con prezzi dei biglietti proibitivi. Inoltre, i deficit operativi delle ferrovie erano a carico dello Stato, il che portava a una diminuzione dei ricavi delle aziende di trasporto. In alcuni casi, la coesistenza con il traffico automobilistico è stata considerata ingiusta (Palacio, 2016).

Un buon sistema di trasporti dovrebbe essere un indicatore necessario del progresso di un Paese, in quanto consente di trasportare la produzione verso i luoghi di consumo. Tuttavia, negli anni '60 non esisteva una chiara politica ufficiale dei trasporti all'altezza del rapido progresso del Paese. Le poche misure adottate erano temporanee e cercavano una soluzione immediata a problemi urgenti, senza pensare a lungo termine (Palacio, 2016).

Tabella 2 Materiale trasportato in Colombia per anno e mezzo di trasporto

SISTEMI	Migliaia di tonnellate trasportate					
	1956	1968	2005	2010	2013	2014
1 ferrovia	5.000	3.237	308	366	97	174

2 Fiume Magdalena	2.069	2.601	2.210	1.464	1.384	1.727
3 Aviazione commerciale	130	106	135	119	149	163
4 condotte	7.000	11.451	51.836	76.707	140.381	163.105
5 autocarri"	15.767	34.245	139.646	181.021	220.309	226.747
TOTALE	29.966	51.640	194.135	259.678	362.321	391.916

Fonte: (Palacio, 2016)

La tabella precedente mostra che il trasporto ferroviario è diminuito in Colombia, mentre il trasporto terrestre si è sviluppato e continua ad aumentare in modo significativo, dando sostenibilità ai diversi dipartimenti grazie alle funzioni e ai regolamenti che un veicolo di questa categoria deve soddisfare per circolare sul territorio nazionale.

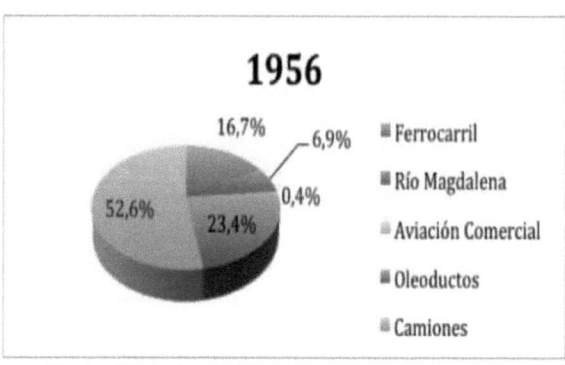

Fonte: (Palacio, 2016)

20

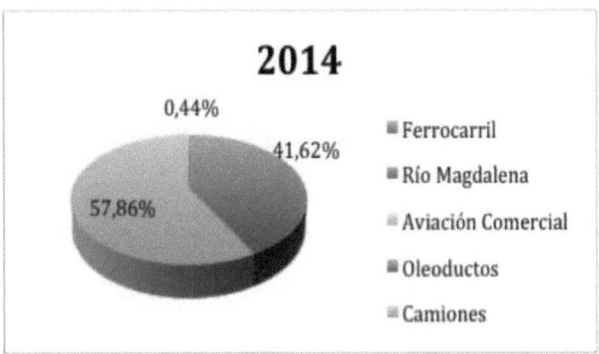

Fonte: (Palacio, 2016)

I diagrammi mostrano il grande sviluppo e il monopolio che il trasporto terrestre ha acquisito in Colombia, determinando una grande mobilitazione di merci con questo mezzo e quasi escludendo altre alternative per il trasporto di merci e attrezzature.

4. Obiettivi del trasporto terrestre in Colombia

In Colombia, ritengono che il trasporto terrestre debba essere competitivo, in quanto è una delle professioni più sfruttate in tutto il territorio nazionale, senza trascurare l'importantissima considerazione che questa attività dovrebbe svolgere, per loro lo Stato esegue modelli di tipologia di lavoro che potrebbero essere svolti in questo campo per quello che considerano

i seguenti:

Sorveglianza: il mercato viene monitorato in modo che lo Stato possa individuare le situazioni che richiedono il suo intervento.

VIGILADOS	2015	2016	Diferencia No.	% Variación
Empresas de pasajeros por carretera - PC	550	235	-315	-57%
Empresas de transporte especial – ES	1370	1275	-95	-7%
Empresas transporte mixto – MX	173	41	-132	-76%
Empresas transportadoras de carga - CG	2922	3107	185	6%
EMPRESAS DE TRANSPORTE TERRESTRE AUTOMOTOR	5015	4658	-357	-7%
Centros de enseñanza automovilística - CEA	625	656	31	5%
Organismos de tránsito – OT	245	221	-24	-10%
Centros de reconocimiento de conductores - CRC	465	373	-92	-20%
Centros de diagnostico automotor - CDA	365	333	-32	-9%
Centros integrales de atención – CIA	175	94	-81	-46%
ORGANISMOS DE APOYO	1875	1677	-198	-11%
Autoridades de tránsito	1102	1102	0	0%
Transporte masivo	28	41	13	46%
Transporte por cable	4	4	0	0%
Terminales de transporte	41	43	2	5%
OTROS VIGILADOS	1175	1190	15	1%
TOTAL VIGILADOS	8065	7525	-540	-7%

Fonte: (Soprintendenza ai porti e ai trasporti, 2016).

Nel 2016, il database della Soprintendenza ai porti e ai trasporti è stato ripulito con l'aiuto del Dipartimento dei trasporti, motivo per cui il numero di soggetti monitorati è stato inferiore rispetto all'anno precedente

(Soprintendenza ai porti e ai trasporti (Dipartimento dei trasporti), 2016).

I risultati raggiunti nel 2016 dall'Autorità di controllo delegata per le concessioni e le infrastrutture sono stati i seguenti

GRUPO	2015	2016	Diferencia No.	PORCENTAJE
Férreo	4	6	2	50%
Terminales De Transporte Terrestre Automotor	41	42	1	2%
Aeropuertos y Aerolíneas	159	165	6	4%
Viales	49	63	14	29%
Total Vigilados	253	276	23	9%

Fonte: (Superintendencia de puertos y transporte (Ministerio de transporte), 2016).

In base al numero di visite effettuate, sono stati contati in totale 171 supervisori, il che corrisponde all'80% di copertura nazionale.

Accordo: per fornire al proprietario, al produttore di energia elettrica e all'azienda di trasporto criteri che facilitino la negoziazione.

Educativo: fornire ad autisti e proprietari gli strumenti necessari per comprendere la struttura dei costi del trasporto merci e rendere così la loro attività più tecnica.

5. SICE - TAC

Per supportare questa vasta operazione, lo Stato ha sviluppato strumenti molto precisi, come il SICE-TAC, un sistema informativo che misura o calcola il costo del trasporto in base alle caratteristiche di ogni viaggio: tipo di veicolo, tipo di carico, origine/destinazione, tempo di attesa previsto, carico e scarico.

Struttura dei costi operativi

Da alcuni anni il settore dei trasporti colombiano è colpito dall'aumento dei costi operativi, dalla concorrenza sleale tra gli autotrasportatori a causa dell'eccesso di offerta, dal deprezzamento dei noli e dagli alti prezzi del carburante.

Costi variabili

Sono i costi sostenuti per la mobilitazione del veicolo. Tali costi comprendono carburante, manutenzione e riparazioni, pneumatici, pedaggi, lubrificanti, lavaggio e lubrificazione, nonché spese accessorie.

L'aumento dei costi operativi nel 2015 è iniziato con un incremento dell'indice del 4,08%, dovuto principalmente all'aumento del dollaro, che ha aumentato significativamente il costo del capitale - il valore dei veicoli importati, che rappresenta l'8,50% del paniere dei costi operativi - la voce dei fattori produttivi importati come pneumatici, gomme, filtri e lubrificanti, che pesano per l'11,09% nel paniere dei costi, e la manutenzione, che pesa per il 12,35% nel paniere dei costi (Perlaza, 2015).

Costi fissi

Sono i costi sostenuti dal proprietario del veicolo, che sia in servizio o meno. Questi costi comprendono gli stipendi e i servizi di base (personale), l'assicurazione, il parcheggio, le tasse e il rendimento dell'investimento.

Altre spese

Si tratta di costi che dipendono dalla fatturazione del viaggio da effettuare. Questi costi comprendono commissioni e servizi, costi amministrativi, rete fuente e reteICA.

Secondo l'indagine congiunturale trimestrale (EET) condotta da COLFECAR, il settore dell'autotrasporto ha registrato un calo delle tonnellate mobilitate nel quarto trimestre del 2014 (-0,11% rispetto allo stesso periodo del 2013), rispetto ai 40,05 milioni di tonnellate del quarto trimestre del 2013.

In termini di fatturato, si è registrato un calo del 3,95%, da 4,31 miliardi di pesos nel quarto trimestre del 2013 a 4,14 miliardi di pesos nello stesso periodo del 2014 (Colfecar, 2015).

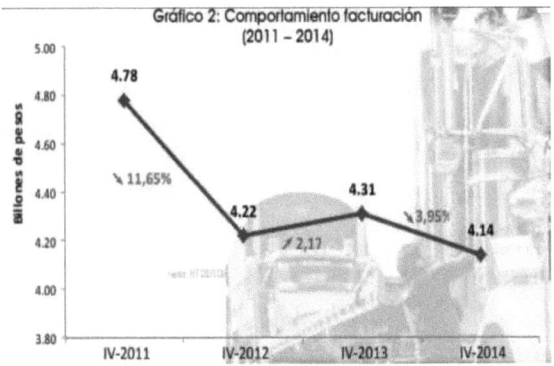

Fonte: (Colfecar, 2015).

Secondo (Colfecar, 2015), l'indice del costo del trasporto per il periodo gennaio-dicembre 2014 è stato dell'1,65%. Ciò rappresenta una differenza di 55 punti percentuali rispetto allo stesso periodo del 2013, che era del 2,20%. Questa differenza è in parte spiegata dal comportamento del fattore "carburante", che è aumentato dello 0,02% tra gennaio e dicembre 2014, mentre nello stesso periodo del 2013 l'aumento è stato dell'1,35%.

In Colombia, è preoccupante vedere come l'indice dei prezzi dei trasportatori (IPT) stia aumentando più velocemente dell'inflazione o dell'indice dei prezzi al consumo e dell'indice dei costi di trasporto su strada (ICTC), come mostra il grafico sottostante.

Gráfico 4. Índices de precios de la economía (IPC, ICTC, IPT), Base=2008

Fonte: (Colfecar, 2015).

Da oltre 10 anni il Ministero dei Trasporti lavora per sviluppare un modello di costi che rifletta le reali condizioni operative delle aziende di trasporto. Per sviluppare un modello affidabile ed efficace, il Ministero dei Trasporti ha concentrato i propri sforzi sulla realizzazione di indagini sul campo, sul consolidamento delle statistiche di esercizio dei veicoli, sulla collaborazione con altri enti come il DANE e l'Agenzia Nazionale di Pianificazione e sul continuo feedback da parte del settore dei trasporti. Il risultato di questo processo è il SICE-TAC, uno strumento robusto e affidabile in grado di adattarsi ai continui cambiamenti del settore dei trasporti colombiano.

6. LA COLOMBIA E IL TRASPORTO INTERNAZIONALE

Come abbiamo già detto, l'esistenza di servizi di trasporto marittimo efficaci ed efficienti è essenziale per l'economia di qualsiasi Paese, in quanto contribuisce notevolmente a migliorare la competitività, in particolare per la Colombia, oggetto del nostro dibattito.

È importante che il governo colombiano stabilisca un rapporto o una sinergia tra tutti gli attori del settore per facilitare il trasporto nazionale e internazionale delle merci e ottenere risultati positivi che diano al Paese un alto livello di competitività. La prima cosa da fare è investire nelle infrastrutture del Paese, come strade in ottime condizioni e macchinari, migliorare la sicurezza dei trasporti e fornire attrezzature sofisticate per raggiungere la capacità necessaria per tutti i tipi di carico.

Secondo (El TIEMPO, 2005), le infrastrutture di trasporto della Colombia sono insufficienti, non competitive e non in grado di far fronte all'aumento dei flussi commerciali in seguito all'entrata in vigore dell'accordo di libero scambio con gli Stati Uniti e altri blocchi economici.

Non solo tutti i sistemi di trasporto merci - stradale, aereo, ferroviario, fluviale e portuale - hanno problemi individuali, ma il sistema multimodale non viene applicato come dovrebbe, a causa della mancanza di coordinamento tra tutti i responsabili, il che significa che i prodotti colombiani non sono molto competitivi sul mercato internazionale.

Il trasporto di merci è migliorato in Colombia, ma non è sufficiente a creare un sistema competitivo, poiché le importazioni sono più numerose delle esportazioni, come mostra il grafico sottostante.

Gráfico 5. Balanza comercial. 2008 a 2014

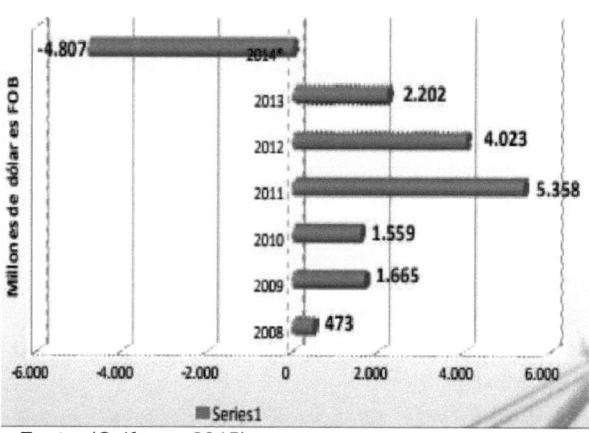

Fonte: (Colfecar, 2015).

Secondo (Colfecar, 2015), il 2014 ha visto un saldo commerciale negativo, con un calo delle esportazioni del 21,7% rispetto al 2013.

Il 98,8% delle merci esportate viene trasportato su strada; l'1,0% delle merci esportate viene trasportato via terra. Inoltre, il 97,3% delle tonnellate provenienti dall'estero arriva su strada e il 2,1% via terra.

Grafico 6.Carga esportato e importato per modalità di trasporto gennaio-novembre 2014 / 2013

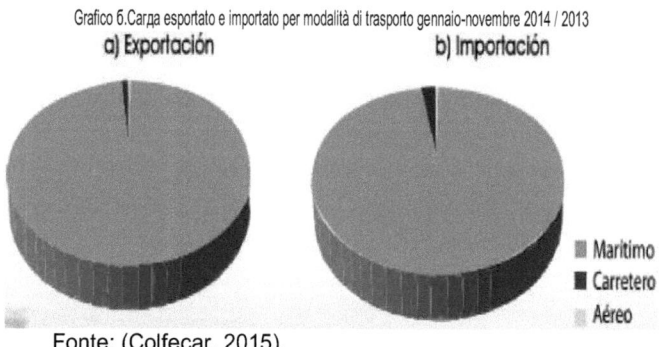

Fonte: (Colfecar, 2015).

Vale la pena sottolineare l'importanza dei porti della Colombia continentale, come Buenaventura, Santa Marta, Cartagena e Barranquilla, che sono diventati fattori decisivi per il commercio estero colombiano grazie alla loro grande capacità di carico, alla flessibilità nella movimentazione delle merci e alla competitività in termini di tariffe di trasporto. Nel 2016, i porti colombiani - compresi gli operatori portuali e le compagnie portuali pubbliche e private - hanno movimentato un totale di 153 milioni di tonnellate di merci, il che rappresenta un aumento dell'1,3% rispetto al 2011, secondo il DANE.

7. UNA STORIA DI SUCCESSO.

Compagnia portuale di Buenaventura (SPB)

Ha iniziato a operare nel marzo 1994, quando il governo le ha assegnato una concessione ventennale, il cui scopo principale è la gestione, la manutenzione e gli investimenti nel porto, ma non la sua gestione, che la legge assegna agli operatori portuali. La prima misura adottata dalla Sociedad Portuaria Regional de Buenaventura (SPRBUN), come si chiamava inizialmente, dopo la privatizzazione è stata quella di effettuare uno studio dettagliato sulla reale destinazione del porto; è stata in grado di determinare ciò che il commercio estero colombiano si aspettava da Buenaventura e ha anche valutato l'eccellente posizione geografica del porto. Sulla base di questi studi, è stato elaborato un ambizioso piano di investimenti per raggiungere una maggiore efficienza operativa, migliorando le attrezzature tecniche per il carico delle merci sfuse e acquisendo gru a portale per la movimentazione dei container.

L'ottimizzazione delle operazioni ha permesso a SPRBUN di ridurre le tariffe fino al 60% rispetto a quelle in vigore quando era in funzione Puertos de Colombia (una società pubblica di proprietà dello Stato), il che ha comportato un aumento del 10% del numero di navi nel porto e un aumento dell'11% del volume di merci (Dinero, 2004).

Oggi, in seguito alla fusione con Tecsa S.A.S., la Sociedad Portuaria Regional de Buenaventura è stata trasformata nel gruppo Sociedad Portuaria de Buenaventura (SPB), per problemi di operatività e mobilità, infrastrutture e finanze interne. L'obiettivo di questa decisione è quello di rafforzare i servizi dell'operatore portuale e le soluzioni logistiche per i clienti.

SPB rappresenta attualmente il 49% del commercio estero della Colombia, grazie ai suoi investimenti in infrastrutture e al fatto che è l'unico porto polifunzionale del Paese. È leader nell'esportazione di caffè e zucchero e nell'importazione di tutti i tipi di veicoli. Si occupa anche del trasporto di merci sfuse, che rappresenta il 44% del mercato nazionale e il 74% della Baia di Buenaventura.

Va notato che entro il 2017 la SPB avrà investito 155,9 milioni di dollari per migliorare le sue operazioni (Portfolio, 2016).

Fonte: (Portfolio, 2016)

Secondo (portfolio, 2016) nel 2017 hanno investito più di 96 milioni di dollari, di cui 63 per l'acquisto di 4 gru a cavalletto che sono già in servizio per un totale di 10 e hanno aggiunto 36 gru a cavalletto gommate (RTG) come parte del miglioramento del sistema di qualità e per soddisfare le richieste di tutti i loro clienti che movimentano in media tra i 100 e i 120 container per nave-ora e sta attualmente lavorando all'implementazione e all'adattamento di 250 metri lineari di banchina uno.

Un altro aspetto del BPS che va sottolineato è l'adeguamento del sistema tecnologico , che razionalizza il funzionamento di tutti i suoi asset, come un dispositivo di digitalizzazione che aiuta a semplificare i processi di ispezione dei servizi doganali e antidroga, e il sistema di sicurezza elettronico integrato SISE, che consiste in una televisione a circuito chiuso dotata di 2.540 telecamere speciali per controllare l'accesso e garantire la sicurezza di tutti i suoi componenti.

8. SVILUPPO IN TUTTO IL MONDO.

Per citare alcuni riferimenti da cui possiamo trarre conoscenza, abbiamo i primi 10 porti del mondo, con grandi piattaforme logistiche e una storia di sviluppo significativo, da cui possiamo imparare.

Attraverso questi magnifici esempi, la Colombia può analizzare e concretizzare molte ideologie che può implementare nel suo sviluppo per ottenere risultati più affidabili in futuro, con cui competere e aumentare la sua produttività di fronte ai grandi negoziati internazionali.

Ma dopo la grande influenza che la logistica ha iniziato ad avere sul mondo, ci si è chiesti quali fossero i 10 migliori porti logistici del mondo. Ecco perché vi presentiamo i 10 porti container più grandi del mondo. È una grande sorpresa scoprire che nove dei dieci porti più grandi si trovano nel continente asiatico.

Porto	Paese
Shanghai	Cina
Singapore	Singapore
Shenzhen	Cina
NingboZhoushan	Cina
Hong Kong	Cina
Busan	Corea del Sud
Porto di Guangzhou	Cina
Qingdao	Cina
Jebel Ali, Dubai	V.A.E.
Tianjin	Cina

Fonte: produzione propria.

Se osserviamo le cifre sopra riportate, l'Asia è in testa al mondo per quanto riguarda la movimentazione dei container. Nel 2015, il numero di container è aumentato del 72%, diventando così il maggior volume di container mobilitati al mondo.

Oggi, grazie agli sviluppi nel mondo della logistica, abbiamo raggiunto una quota di mercato pari a

Europa = 13,2%.
America=9,6%.
Medio Oriente= 5,25%.

Possiamo aspettarci che il loro comportamento si evolva grazie ai grandi trattati firmati e all'impegno di ogni nazione a essere sempre più competitiva.
Fonte (settore rivista Mantimo) Ingegneria navale

Riferimenti per il benchmarking

Uno dei riferimenti più importanti che possiamo prendere in considerazione per il benchmarking della Colombia è il porto di Shanghai in Cina, che si colloca al primo posto tra le migliori piattaforme logistiche per il trasporto di container al mondo. Come abbiamo già detto, questi porti si sono evoluti a tal punto che possiamo applicare molte di queste pratiche al nostro Paese, la Colombia, perché abbiamo anche tutte le condizioni ambientali per competere con i migliori.

Ecco una breve panoramica delle tendenze demografiche del principale porto logistico cinese.

Shanghai (Cina)

Il porto di Shanghai, la cui storia risale a secoli fa, dispone di terminal container nelle aree di Yangshan, Waigaoqiao e Wusong, con una lunghezza di banchina di oltre 13 chilometri, 156 gru portuali e un'area container totale di 6.730.000 m2. L'anno scorso a Shanghai sono stati movimentati 36,54 milioni di TEU, il 3,5% in più rispetto al 2014. La crescita è stata più lenta rispetto al 5% registrato l'anno precedente.

La necessità di sviluppare macchinari per porti e terminal merci.

Con lo sviluppo del trasporto merci che costringeva tutti i paesi ad espandersi, anche le principali aziende responsabili della produzione di grandi macchine per il trasporto sicuro ed efficiente delle merci si unirono al movimento. È in questo periodo che arrivano le aziende responsabili della produzione delle varie gru per container, costrette a migliorare le loro costruzioni e capacità a causa della domanda esportata da tutti i porti del mondo e, con l'aiuto di questi produttori, la mobilità sarà maggiore, ma sono necessarie macchine efficaci ed efficienti.

Gli azionamenti e i sistemi di controllo sono presenti nelle strutture portuali di tutto il mondo. Le prestazioni richieste per trasportare le merci in modo efficiente e sicuro ci hanno permesso di massimizzare l'automazione, l'affidabilità e la sicurezza di ogni gru utilizzata per i movimenti logistici, aumentando la velocità e l'agilità dei tipici processi di mobilità. Ecco solo alcuni esempi:

Gru per container

- A molla
- Porto mobile
- Pneumatici Portikus
- Sporgenza del portico
- Sport a rischio

Trasbordo di merci sfuse

- Trasferimento del carico
- Secchio con due scomparti
- Gru girevole
- Gru di Pontm

Cantiere navale

- Un braccio
- Due braccia
- Colonnato gigante

Sistemi di azionamento modulari

I sistemi di gru di Control sono costituiti essenzialmente da azionamenti modulari Unidrive SP AC. Queste unità motorizzate sono compatte e flessibili, in grado di gestire carichi fino a 1,9 MW. Allo stesso tempo, ogni modulo è sufficientemente compatto e leggero da garantire una facile movimentazione in cantiere e semplificare l'installazione e la manutenzione.

Possono essere configurati per fornire ridondanza e tolleranza ai guasti, in modo che le gru possano continuare a funzionare anche se un modulo si guasta.

Sistema di controllo della gru (CSM)

Il sistema di controllo CSM monitora in tempo reale le condizioni fisiche e operative della gru. Può essere utilizzato per far funzionare la gru, pianificare le operazioni di manutenzione, analizzare i guasti della gru e ottenere i dati di produzione della gru.

Sistema di posizionamento globale differenziale (DGPS)

Il sistema di controllo DGPS è un sistema di controllo automatico e monitoraggio del trasporto basato su GPS per applicazioni portuali, che può essere utilizzato su gru a cavalletto sia gommate che gommate. Il sistema offre una modalità di posizionamento satellitare relativo (differenziale) di

Eccellente precisione, con una percentuale minima di errori di posizione.

L'importanza degli Incoterms nel trasporto internazionale di merci

Gli Incoterms, o "International Commercial Terms", pubblicati dalla Camera di Commercio Internazionale, svolgono un ruolo fondamentale nel trasporto internazionale di merci, specificando in un linguaggio standardizzato chi sostiene i costi e qual è la responsabilità di ciascuna delle parti coinvolte *(trasferimento del rischio tra acquirente e venditore)* durante le varie fasi del trasporto.

Per comprendere l'importanza degli Incoterms, è necessario conoscere alcuni concetti di base, come ad esempio

- Consegna della merce

Può essere somministrato in diversi modi:

Diretto *(la merce viene consegnata direttamente all'acquirente).*

Indiretto *(la merce viene consegnata a un intermediario dell'acquirente o a un vettore).*

- Trasferimento del rischio

È il momento in cui l'esportatore non è più responsabile della destinazione della merce e l'importatore si assume tutti i rischi durante il transito.

Questo può essere fatto definendo punti geografici o momenti cronologici *(scadenze).*

- Ripartizione delle spese

Le due parti concordano i costi di gestione, ad esempio il trasporto, i documenti, l'assicurazione, ecc.

- Procedure di sdoganamento

In generale, il venditore è responsabile delle formalità di esportazione, tranne nel caso di EXW (Ex - Works o Ex - Factory). Inoltre, le formalità di importazione sono considerate di competenza dell'esportatore solo in caso di DDP (Delivery Duty Paid) (Herbert Figueroa R, 2013).

Incoterms	
Acronimi	Scadenza

Exw (ex lavoro)	La merce viene consegnata presso la sede del venditore e non viene fatturata al vettore. Tutti i costi di esportazione sono a carico dell'acquirente.
Fca (liber o)	Il venditore è responsabile dell'imballaggio, del carico e del trasporto della merce nel luogo concordato.
Fas(libero Lungo la barca)	Si tratta di una procedura analoga alla precedente, ma con l'aggiunta che il venditore è responsabile dell'imbarco della merce sulla nave. Il venditore deve sdoganare la merce attraverso l'ufficio doganale di esportazione.
Fob (gratuito a bordo) :	La responsabilità del venditore cessa solo quando la merce ha superato il parapetto della nave.
Cfr(costo e trasporto) :	Il venditore si farà carico di tutti i costi fino all'arrivo della merce nel porto indicato (senza scarico).
Cif (costo, assicurazione e trasporto) :	Ha le caratteristiche del cf, ma in più il venditore è obbligato a stipulare un'assicurazione per coprire i rischi durante il trasporto; da quel momento in poi, tutti i rischi sono a carico dell'acquirente.
Cpt (trasporto a pagamento) :	Il rischio di perdita o inquinamento viene trasferito all'acquirente dal momento in cui la merce viene consegnata al primo vettore.
Cip (trasporto e assicurazione pagati)	Il venditore si fa carico delle spese di assicurazione per il trasporto fino alla destinazione concordata.
Dat (consegnato il terminale)	Il venditore è tenuto a consegnare la merce al porto o al terminal aeroportuale concordato. Il venditore dovrà sostenere tutti i costi fino allo scarico della merce in tale porto.
Dap(consegnato su luogo) :	La merce viene consegnata al magazzino dell'acquirente. Non è richiesto alcuno scarico.
Ddp (duty paid delivery)	La merce viene consegnata presso la sede dell'acquirente. Il venditore si fa carico di tutti i costi (compresi quelli di sdoganamento per l'esportazione e l'importazione), ad eccezione dello scarico della merce.
	nel magazzino dell'acquirente. Questo è l'impegno più importante per il venditore

Fonte: produzione propria

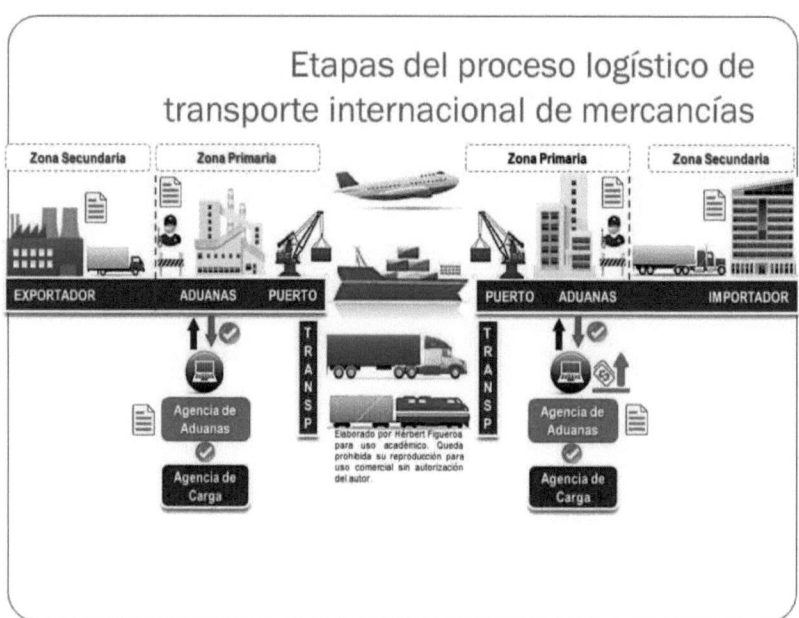

Fonte: Helbert Figueroa R, 2013

9. ALTRI GRANDI PORTI DEL MONDO.

Porto di Algeciras (Spagna)

Uno dei porti più importanti del Mediterraneo. Nel 2015, secondo i dati di Puerto de la Finca, in questo porto sono stati movimentati 98,23 milioni di tonnellate. Sebbene risalga al 1894, il suo sviluppo come polo logistico è iniziato solo nella seconda metà del XX secolo, con la costruzione nel 1964 di un complesso industriale e chimico accanto alla baia, i cui principali rappresentanti sono la raffineria Gibraltar-San Roque de Cepsa e la fabbrica di acciaio inossidabile Acerinox.

Nel 1982, il Porto di Algeciras-La Lmea si è unito al Porto di Tarifa, estendendo la giurisdizione dell'Autorità Portuale all'intero Stretto. Dal 1993, il porto è stato rinominato Puerto de la Bahia de Algeciras e la sua autorità portuale è stata rinominata Porto di Algeciras.

Il porto della baia di Algeciras si trova nel sud dell'Andalusia (Spagna). È costituito da una serie di infrastrutture marittime sparse intorno alla baia di Algeciras. Sebbene solo i centri urbani di Algeciras e La Lmea de la Concepción si affaccino sulla baia, ci sono anche strutture portuali sul resto della costa, appartenenti ai comuni di Los Barrios e San Roque. È gestito dall'Autorità Portuale della Baia di Algeciras, insieme al Porto di Tarifa.

È il primo porto spagnolo in termini di traffico merci totale e il primo porto del Mediterraneo 1, classificandosi al 25° posto nel mondo e al 6° in Europa in termini di traffico di container.

Fonte: (COMPORT Bahia de Algeciras, s.f.)

Un'altra particolarità di questo porto è che sta diventando sempre più uno dei porti del mondo, perché sa come affrontare la minaccia rappresentata dalla crisi del continente europeo.

Porto di Barcellona (Spagna)

L'esistenza di questo porto, il Mare Nostrum, è nota da quando l'attuale Barcellona fu chiamata Colonia Iulia Augusta Faventia Paterna Barcino dall'imperatore Augusto.

Un altro grande banco di prova per la Spagna è il porto di Barcellona, che ha una grande influenza sul trasporto di merci e persone e rende il Paese altamente competitivo.

In termini di traffico passeggeri, è il più grande porto crocieristico del Mediterraneo e il quarto al mondo dopo i porti dei Caraibi. Molte navi da crociera del Mediterraneo fanno base nel porto di Barcellona.

Porto di Oslo (Norvegia).

Come tutti sapete, Oslo, la capitale della Norvegia, è una città molto importante, con infrastrutture spettacolari e dimensioni notevoli.

Questa città è il centro nevralgico della Norvegia, quindi è attraversata da tutte le cose importanti che costituiscono la cultura, il governo e l'economia del Paese di cui stiamo parlando.

Essendo una città così importante, dovrebbe avere anche un porto altrettanto importante. Il porto di Oslo non è solo il più grande della Norvegia, ma anche uno dei più grandi d'Europa.

La maggior parte delle principali merci del Paese passa attraverso il porto di Oslo, che è gradualmente diventato uno dei centri dell'economia del Paese.

Fonte: (BUSINESS WIRE, 2014).

Questo porto non è dedicato solo al commercio, ma anche al turismo. Infatti, chi lo visita in qualsiasi momento è sicuro di trovare una delle tante grandi navi da crociera che di solito fanno scalo qui, poiché Oslo è una delle città più popolari per i turisti che visitano l'Europa in crociera.

Fonte : (PORTO DI OSLO HAVN)

Questa è un'altra grande idea che il Paese della Norvegia può sviluppare.

Sfruttare ogni situazione per diventare quello che oggi è uno dei migliori Paesi del mondo.

Con l'aumento della produttività a Oslo, si prevede che l'industria dell'importazione e dell'esportazione del porto crescerà nelle sue operazioni, il che ci dimostra che la Norvegia è ora una grande nazione in cui la libertà e le possibilità di vita delle persone sono a un buon livello grazie a leader che pensano ai risultati collettivi.

Riteniamo che si tratti di un'altra grande svolta raggiunta da questa nazione, che è riuscita a vedere una grande alternativa nei processi logistici, in quanto questa è una grande fonte di accelerazione dello sviluppo del suo Stato.

10. CONCLUSIONI

- Di fronte a un mondo sempre più globalizzato e competitivo, è necessario sviluppare gli interporti e, se a questo si aggiungono i consumatori che chiedono prodotti e servizi di qualità superiore, la logistica gioca un ruolo fondamentale per ottenere buoni risultati.

- Dall'estratto sopra riportato, il lettore può concludere che i porti colombiani sono una risorsa molto importante grazie alla loro funzionalità, alla loro capacità di carico e alla loro posizione strategica.

- La capacità dei diversi porti colombiani di mobilitare e gestire il trasporto delle merci è un aspetto molto importante da considerare, poiché alcuni porti sono attualmente più mobili di altri, in particolare il porto regionale di Buenaventura, che gestisce il 66% delle merci in entrata in Colombia.

- Avendo studiato diverse piattaforme logistiche e porti, possiamo confermare che la Colombia sta ancora sviluppando questo tema e che si tratta di un caso importante da affrontare, in quanto può migliorare la competitività del Paese a livello globale.

- La pianificazione, l'implementazione e il funzionamento degli sportelli unici (SEW) in America Latina e nei Caraibi sono diventati sempre più importanti nelle politiche di facilitazione del commercio, in quanto possono rendere le transazioni commerciali internazionali più efficienti, efficaci, trasparenti e sicure.

RIFERIMENTI

(n.d.).

3recomundos (21 maggio 2014). *LOG^STICA INVERSA*. Recuperato da http://3recomundos.webnode.com.co/news/preguntas-y-sugerencias/.

Brizuela, S. A. (08 giugno 2005). Strategie di promozione dei servizi logistici di trasporto internazionale di merci (studio del caso PANALPINA). Antiguo Cuscatlan, El Salvador.

BUSINESS WIRE.(11 luglio 2014). Il *porto di Oslo seleziona un nuovo operatore per il terminal container di Sjurs0ya*. Recuperato da http://www.businesswire.com/news/home/20140711005201/es/.

Colfecar (2015). Mobilitazione del trasporto merci. *El Container*, 56.

COMPORT Bahia de Algeciras (n.d.). *Comunità portuale della Baia di Algeciras*. Consultato il 01 ottobre   2017   ,   da http://www.portofalgeciras.com/

Dipartimento nazionale di pianificazione DPN. (21 novembre 2014). *"LA INFRAESTRUCTURA EN EL PLAN NACIONAL DE DESARROLLO 2014-2018 "*. Obtenidode. https://www.dnp.gov.co/programas/transportes/Paginas/Transport e- v%C3%ADas-comunicaciones-energ%C3%ADa-miner%C3%ADa-e- hidrocarburos.aspx

Dinero (2004). La compagnia portuale regionale di Buenaventura "10 anni più grande". *Dinero*.

El TIEMPO (2005). *La Colombia non ha la capacità di sostenere l'impatto dell'accordo di libero scambio*. Bogotà D.C.: EL TIEMPO.

elEconomista (2017). Il Porto di Barcellona promosso in realtà virtuale a 360° al congresso Aecoc. *EcoDiario.es*. Consultato il 5 ottobre 2017.

EMERSON Industrial Automation (n.d.). *MACCHINARI PER PORTI E TERMINAL MERCI*. Recuperato il 24 settembre 2017, da http://www.emersonindustrial.com/en-US/controltechniques/industries/portandfreightterminalmachinery/

Pages/portandfreightterminalmachinery.aspx.

Janica, F. (24 aprile 2016). Logistica e infrastrutture in Colombia: una sfida. *El Espectador.*

La storia dei trasporti (16 gennaio 2011). Recuperato da http://lahistoriadelostransportes.blogspot.com.co/2011/01/el-media-verbesserung.html

Lang, D. (2008). *Logistica internazionale: gestione della catena di fornitura globale.* Messico D.F.: LIMUSA.

Ministero dei Trasporti (2007). *Struttura dei costi di esercizio dei veicoli nel trasporto merci nel 2006.*

Ministero dei Trasporti (2015). Statistiche dei trasporti in numeri 2014. Recuperato il 27 agosto 2017 , da. file:///C:/Users/USER/Downloads/Verkehr%20in%20Zahlen%20-%20Statistik%202014.pdf.

Munoz, L. F. (n.d.). L'evoluzione del trasporto marittimo internazionale. Applicazione al Mediterraneo occidentale . http://www.asesmar.org/conferencias/documentos/doc_semana27/capit ulo2.pdf.

Logistica aziendale globale Distribuzione dei trasporti (aprile 2011). *Considerazioni di base sui carichi speciali.* Recuperato da http://www.emb.cl/negociosglobales/articulo.mvc?xid=450&edi=18&xit= basic-considerations-of-special-loads.

PORTO DI OSLO HAVN (n.d.). *Il porto di Oslo - in breve.* Consultato il 30 settembre 2017 , da http://www.oslohavn.no/en/about_us/port_of_oslo/

Palacio, A. G. (2016). Lo *sviluppo del trasporto merci via terra in Colombia e il suo impatto sulle aziende del settore industriale della Valle de Aburra.* Medellín.

Perlaza, R. (2015, 4 febbraio). La crisi del settore dei trasporti. *El Container (Colfecar),* 56. Recuperato il 17 settembre 2017, da http://www.colfecar.org.co/container%202015/elcontainer_febrero_2015 .pdf.

45

portafoglio (2016). Il gruppo imprenditoriale SPB inizia ad operare questo mese. *Portafoglio.*

Rosas, C. M. (luglio 2013). Analisi del trasporto merci in Colombia per sviluppare strategie di competitività internazionale e standard infrastrutturali. Bogotà D.C., Colombia.

Saldarriaga, D. L. (27 giugno 2017). *La Gestion del Transporte (Entrega II) - di Diego Luis Saldarriaga R.* Retrieved from http://www.zonalogistica.com/articulos-especializados/la-gestion-del- transporte-entrega-ii-by-diego-luis-saldarriaga-r/

Shuttleworth, M. (21 maggio 2008). *Esempio di articolo di ricerca   .   10   luglio 2017.   Accessibile   da.* https://explorable.com/es/ejemplo-de-un-articulo-de-investigacion

Soprintendenza ai porti e ai trasporti (Ministero dei Trasporti) (2016). *Rapporto di gestione 2016.* Bogotà D.C. Consultato il 17 settembre 2017   , da. http://www.supertransporte.gov.co/documentos/2017/Febrero/Pla neacio n_09/Management_Bericht_2016_1_1.pdf

triana, A. (1 marzo 2015). *Classificazione dei carichi.* Recuperato da http://clasificacion-de-la-carga.blogspot.com/.

Nazioni Unite (2012). "Trade Facilitation Implementation Guide" Recuperato da http://tfig.unece.org/SP/contents/transit- transport-operation.htm.

Figueroa, R. H. (30 luglio 2013). Storia del commercio internazionale (parte 1): Dai Fenici all'Impero spagnolo. Rotte commerciali. Recuperato

da https://pymeinternacionalizada.wordpress.com/2013/07/30/la-importanza-degli-incoterms-2010-incoterms-per-le-attività-commerciali-esterne-part-i/